Couvertures supérieure et inférieure manquantes.

LE CHATEAU DES MONNEYROUX,

A GUÉRET,

ET

SES DIFFÉRENTS PROPRIÉTAIRES.

L'hôtel connu à Guéret sous le nom de *château des comtes de la Marche*, n'a jamais appartenu aux comtes de la Marche, il n'a même commencé à recevoir cette dénomination qu'à la fin du XVIIIme siècle, et c'est dans une liste des fiefs de la province, dressée vers 1775¹, qu'il figure pour la première fois avec le titre un peu trop pompeux qui lui a été conservé depuis.

Ce fut un de ses derniers propriétaires avant la Révolution, François Tournyol, seigneur du Râteau et de Boislamy, avocat du Roi au présidial de Guéret, mort après 1780, qui émit l'opinion, admise encore dans le pays, que cette habitation avait été une des résidences des comtes de la Marche. Dans une notice qui nous a été communiquée par son arrière petite-fille et son héritière, Mme Callier (née Tournyol de Boislamy), François Tournyol cherche à étayer son système uniquement sur les armes et les chiffres qui se voyaient de son temps dans l'intérieur et à l'extérieur de l'édifice, armes des Bour-

¹ *Archiv. de la Creuse*, C.

bons, « sur des cheminées et sur des frontispices, » lettres P et A entrelacées, — lesquelles étaient, suivant lui, les initiales du comte Pierre de Bourbon et d'Anne de Beaujeu, fille de Louis XI, sa femme, — enfin, écusson des Armagnacs « sculpté sur une clé de voûte, dans l'embrasure d'une fenêtre de la salle à manger. » De toutes ces sculptures, il ne reste aujourd'hui que l'écusson aux armes des derniers comtes de la Marche, de la maison de Bourbon, appliqué sur une immense cheminée du corps de logis le plus moderne, écusson mutilé, mais où l'on reconnaît pourtant la trace des trois fleurs de lis et de la bande brochant sur le tout. Quant à l'écusson des Armagnacs, il a disparu, ainsi que les chiffres entrelacés; mais, l'existence de la clé de voûte armoriée ne saurait être révoqué en doute, car, une cassure, très-apparente de la pierre, atteste encore la place qu'elle occupait, tandis qu'il est plus difficile de retrouver les traces des lettres sculptées qui « se voyaient en dehors. » Du reste, la raison d'être des symboles héraldiques et de ces initiales est aisément explicable, à l'aide des renseignements que nous fournissent les papiers de la famille Tournyol et différents titres conservés aux archives de la Creuse.

L'auteur de la notice du XVIIIme siècle nous apprend : que sa maison fut possédée par Antoine Alard, seigneur de Monneyroux, et que ce fut de là qu'elle fut appelée le *château des Monneyroux*, — c'est l'inverse qu'il aurait dû dire; — que Pierre Alard, fils du précédent, fonda deux vicairies, en 1494, dans la chapelle du château; que Pierre Billon, trésorier pour le Roi, était propriétaire du fief des Monneyroux, en 1521; enfin, que Catherine Lécuyer, veuve de Jean Billon, conseiller en la chambre des comptes, vendit cette seigneurie à Etienne Faure, en 1568. Ces données essentielles sont confirmées par les documents des archives départementales, qui nous font connaître plus complétement les personnages dont il est ici question.

Antoine Alard, écuyer, fut d'abord secrétaire de Bernard d'Armagnac, comte de la Marche, et, en cette qualité, il a contresigné deux ordonnances de ce prince, en date des 25 juin 1438 et 19 octobre 1447[1], rendues au profit du couvent des Célestins des Ternes et de la commune de Guéret. Plus tard, dans deux pièces des 16 et 28 août 1473, il figure comme trésorier de la Marche. Ce fut lui qui commença la construction du château des Monneyroux, et qui, sans doute en l'honneur de son maître, fit sculpter les armes d'Armagnac qu'on voyait encore au dernier siècle sur une clé de voûte, dans la salle à manger. La place de cette clé de voûte est facile à reconnaître, avons-nous dit : elle se détachait au centre de l'arceau qui surmonte l'embrasure de la fenêtre pratiquée au premier étage de l'ancienne construction, dans le fragment de façade complété plus tard par l'adjonction du principal corps de logis. Grâce à cet écusson, nous sommes donc déjà certain que la partie primitive de l'édifice n'est pas postérieure au dernier comte de la Marche, de la maison d'Armagnac, c'est-à-dire à l'année 1477, date de la mort de Jacques III, duc de Nemours, décapité aux halles de Paris, pour ses révoltes répétées contre l'autorité royale.

D'un autre côté, si l'on réfléchit qu'Antoine Alard n'était certainement pas originaire de notre pays, où son nom ne se retrouve pas avant lui, ni après son fils, et que la nature de ses premières fonctions l'obligeait de vivre continuellement à la suite du comte, qui ne faisait que de rares apparitions dans ses domaines de Marche, on ne peut admettre qu'il ait songé à construire son hôtel de Guéret, avant d'être appelé par sa charge de trésorier à résider d'une manière permanente dans cette ville. Or, il ne fut pouvu de ce dernier office qu'après le 29 juillet 1447, époque où « honorable homme, Jacques de la Ville, » en exerçait encore les fonctions[2]; on est donc forcément amené à cette conclusion que le château des Monneyroux, dont il est le fondateur, a été bâti, — pour

---

[1] Archives de la ville de Guéret, titre en parchemin. — Archiv. de la Creuse, Cartulaire du prieuré des Ternes.

[2] Cart. des Ternes.

la partie ancienne du moins, — dans le troisième quart du XVme siècle, entre les dates extrêmes de 1447 et 1477.

Pierre Alard, seigneur des Monneyroux et de la Prugne, près Guéret, fils d'Antoine et de Marguerite Boinchaude, s'allia à une des familles les plus considérables de la province, en épousant Marie Barthon[1]. Il ajouta à son château la petite chapelle qui termine l'aile de l'ouest, et, par acte du 12 avril 1494, il y fonda, en l'honneur de Notre-Dame, deux vicairies qu'il dota de plusieurs rentes en grains à prendre sur la dîme de Mornac, paroisse de Saint-Pardoux-les-Cars, et sur le village de Villevaumont, paroisse de Bonnat[2]. Cette fondation fut approuvée par ordonnance de l'official de Limoges, datée du château épiscopal d'Isle, le 2 janvier 1495[3].

Il serait tentant et commode tout à la fois d'attribuer aussi à Pierre Alard l'exécution de ces lettres entrelacées, P et A, initiales de son nom, qu'on voyait autrefois en relief sur un des murs extérieurs du château. Mais, il est impossible de reconnaître la trace d'aucun ornement de ce genre sur la paroi lisse et encore complètement intacte de l'aile ancienne, la seule qui existait du temps des Alard : il faut donc chercher la place de ces entrelacs sur ces grosses pierres imagées qui surmontent une des fenêtres ornées du corps de logis le plus récent, et qui gardent les empreintes bien visibles des dégradations dues aux iconoclastes de la Révolution. Posées là, les deux lettres P A n'ont plus le sens que nous entrevoyons tout à l'heure, et l'on doit les interpréter, comme l'a fait François Tournyol, en y reconnaissant les initiales de Pierre de Bourbon et d'Anne de Beaujeu. Pour nous en convaincre, entrons dans l'intérieur de ce corps de logis, et nous nous trouverons en face de la cheminée que décore

---

[1] Pouillé de Nadaud : v° Guéret, mss. de la biblioth. du grand séminaire de Limoges.

[2] Pouillé de Nadaud. — Papiers de Mme Callier. — Titres de l'abbaye de Bonlieu, aux archiv. de la Creuse.

[3] Papiers de famille de Mme Callier.

l'écusson de la branche aînée de Bourbon : de France, à la bande de gueules. Or, ces armes ne peuvent convenir qu'au mari d'Anne de Beaujeu, car, les autres comtes de cette maison, qui depuis 1357 avaient possédé le grand fief de la Marche, appartenaient à la branche cadette de Bourbon-Vendôme, et, en cette qualité, ils chargeaient la bande de leur écu de trois lionceaux d'argent, qui ne se trouvent nullement indiqués ici. Du reste, l'aspect seul de cette partie de l'hôtel, dans laquelle est placée la cheminée, suffisait pour interdire l'idée d'une attribution plus ancienne.

Mais, à quel titre cet écusson princier figurait-il dans une habitation privée? Rappelons-nous la raison qui a été donnée pour expliquer la présence des armoiries des Armagnacs, dans la partie du château élevée par Antoine Alard. Comme l'aile de l'ouest, la grande façade du centre est l'œuvre d'un trésorier de la Marche, qui a su, lui, abriter et dissimuler en quelque sorte ses armes, armes parlantes, sous le blason de son maître, auquel revenait naturellement la place d'honneur. Du reste, cette modestie a été récompensée; car, tandis que les écussons du comte ont été impitoyablement brisés, l'humble figure héraldique, à laquelle nous faisons allusion, a été préservée de toute atteinte.

Les deux blocs de pierre qui portaient probablement les initiales P A, aujourd'hui disparues, et qui, il ne faut pas l'oublier, surmontent l'imposte d'une fenêtre ouverte au milieu de la façade la plus récente de l'édifice, ces blocs, dis-je, ont conservé, malgré les mutilations qu'ils ont souffertes, quelques-unes de leurs sculptures. On reconnaît encore sur chacun d'eux un personnage grossièrement façonné, vêtu du costume des clercs, de la robe à plis serrés, un ange sans doute, tel qu'on les a représentés souvent au moyen âge, qui soutenait au-dessus de sa tête un écusson entièrement mutilé, l'écusson du comte de la Marche. En avant de ce support est taillé en relief l'emblème, ou le rébus dont nous voulons parler. C'est un de ces attributs héraldiques que, dans le langage du blason, on appelle un *billon* ou un *écot*, bout de sarment auquel adhèrent les attaches des branches coupées près du tronc. Tel est aussi l'ornement qui figure dans les armes de la famille Billon, famille qui apparaît dans la Marche dès le XVme siècle, époque où l'un de ses membres, Jacques Billon, était chanoine de la Chapelle-Taillefert[1], et qui a fourni quatre abbés aux monastères du Moutier-d'Ahun et d'Aubignac, et plusieurs grands officiers du comté, pendant le XVIme siècle.

C'est un de ces derniers, Pierre Billon, trésorier de la comtesse Anne, en 1510, qui fit continuer le bâtiment commencé par les Alard. Ce point est hors de doute. Les billons sculptés sur la façade dénoncent, en effet, le nom du constructeur, comme les armes du comte de la Marche prouvent que ce membre de la famille Billon était un des serviteurs et des officiers du prince. Mais, nous sommes plus embarrassé pour fixer la date précise de la construction. Pierre Billon ne devint trésorier de la Marche qu'à la fin de 1509. Car, cette charge était occupée encore au 15 mai de cette année par Jean Raquet, seigneur de la Chezotte[2]. Or, à cette époque Pierre de Bourbon était mort depuis plusieurs années déjà[3]. Comment motiver alors la présence de l'initiale de son nom dans le cartouche où elle s'entrelaçait avec le chiffre d'Anne de Beaujeu? Faut-il admettre que Pierre Billon, avant d'être trésorier, exerçait une autre charge dans l'administration de la province, ou ne doit-on pas supposer plutôt qu'il a voulu rendre hommage aux regrets et à l'affection de la veuve, en associant au nom d'Anne de Beaujeu le nom de son mari, propriétaire au même titre qu'elle du comté de la Marche[4]? Nous inclinons d'autant plus vers cette dernière explication,

[1] Cartul. du prieuré des Ternes. Ubi supra.
[2] Id. — Ce fut probablement ce Jean Raquet qui fit construire l'élégant châtelet de la Chezotte, près d'Ahun.
[3] Il mourut en 1503.
[4] Par la donation que fit Louis XI à son gendre et à sa fille d'une partie des biens confisqués sur le duc de Nemours, Septembre 1477.

que le caractère peu monumental de la portion la plus récente de l'édifice accuse les limites extrêmes du style gothique, florissant encore dans notre pays pendant les premières années du XVIme siècle. Cependant, l'écusson de la cheminée ne permet pas d'assigner à l'œuvre de Billon une date plus éloignée de nous que celle de 1522, époque de la mort d'Anne de Beaujeu, la dernière comtesse feudataire de ce pays de la Marche qui, moins de cinq ans après, fut réuni définitivement à la couronne, par la confiscation des biens du connétable de Bourbon. Cette date doit donc être circonscrite entre les années 1510 et 1522, et nous pouvons maintenant affirmer, en dehors des preuves qui nous seront fournies par l'architecture du monument, que l'hôtel des Monneyroux est le produit de deux constructions différentes, dont l'une ne peut remonter au delà de 1477 et l'autre descendre au delà de 1522.

Le château des Monneyroux ne reste pas tout à fait soixante ans dans les mains de la famille Billon. Pierre, le trésorier, l'abandonna momentanément au commencement de l'année 1510, « parce qu'on se mouroit à Guéret, » et, fuyant la peste qui sévissait dans la ville, il se retira, avec sa femme, à l'abbaye du Moutier-d'Ahun, dont un de ses fils, ou de ses frères, Martial Billon, était alors abbé. Sa femme ne tarda guère à y accoucher, au grand scandale des religieux, et peu de temps après Martial Billon vint à mourir[1]. Il fut enterré dans le cœur de son église abbatiale, sous une tombe qu'on reconnaît encore à l'écusson chargé de trois billons posés deux et un, qui est gravé en creux sur la dalle. Deux autres membres de la famille Billon possédèrent, à titre d'abbé commendataire, l'abbaye du Moutier : Philippe qu'on trouve, le 16 novembre 1525, présent à un acte passé dans son logis, à Guéret[2], et qui avait cessé d'exister au mois de

---

[1] Titres de l'abbaye du Moutier-d'Ahun, aux arch. de la Creuse.
[2] Cart. de la communauté des prêtres de Guéret, aux arch. de la Creuse.
« In villa Garacti, in domo habitationis nostre. »

décembre 1541, puis, François, frère et successeur du précédent, qui résigna, le 12 septembre 1547, son bénéfice au profit de Mathieu Dubois, curé de Jabreilles, son neveu, fils d'une de ses sœurs¹. François était en même temps abbé d'Aubignac, et il figure avec ce titre dans différents actes, depuis le mois de décembre 1532 jusqu'au mois de juin 1551. Il eut pour successeur dans cette abbaye cistercienne, de 1555 à 1564, un de ses parents, Jean Billon qui, après avoir dévasté l'habitation monacale, pillé le trésor de l'église, alla se joindre aux religionnaires d'Orléans pour lutter avec eux contre l'autorité royale, et osa revenir ensuite, après l'édit de pacification d'Amboise, dans son monastère, dont il fit un vrai repaire de brigands. Une information dressée contre lui, en 1564, l'accusait du meurtre de quatre ou cinq personnes, parmi lesquelles son propre beau-frère, François Magny, juge de la Châtre².

Pendant que les Billon se transmettaient ainsi, comme un bien patrimonial, les abbayes de la Marche, le château des Monneyroux demeurait l'apanage des membres de cette famille qui n'avaient pas embrassé l'état ecclésiastique. Philippe de Billon, comme seigneur des Monneyroux, nommait, en 1514, le vicaire chargé de desservir la chapelle du château. En 1555, un autre Philippe de Billon, écuyer, capitaine de la ville de Guéret, usait de la même prérogative, comme le fit, en 1565, Catherine Lescuyer, veuve de noble Jean de Billon, conseiller maître en la chambre des comptes³. Ce fut elle qui, par contrat du 3 février 1568, passé devant Fournier et Brusle, notaires au Châtelet de Paris, vendit, pour le prix de 3,200 livres, la maison et la chapelle des Monneyroux, avec leurs dépendances, à maître Louis Faure, seigneur de Prugnes, paroisse de Nouziers, élu pour le Roi au pays et en l'élection de la Marche.

¹ Titres du Moutier-d'Ahun. Ubi suprà.
² Titres de l'abbaye d'Aubignac, aux arch. de la Creuse.
³ Pouillé de Nadaud. Ubi suprà.

L'acte de prise de possession, en date du 29 mai suivant, donne des renseignements précieux pour la topographie de la ville de Guéret et pour l'état du château lui-même à cette époque ; aussi nous allons en extraire les principaux passages. L'acheteur, accompagné d'un notaire et de deux témoins, se présente « audevant la grand porte de la bassecourt es-
« tant sur le devant de certain grand hostel et maison, vul-
« gairement appelée des Mounéroulx, posée et située dans
« la ville de Guéret, joignant, d'une part, aux foussés de
« ladicte ville, d'autre, à la rue par laquelle on va de la
« grand porte de ceste dicte ville, appelée du *Chancelier*[1],
« à la tour des murailles, appelée la tour *Mulet*, et faisant
« partie des tours et murailles de ladicte ville. » Là, il exhibe le contrat en forme « de la vendition à lui faicte par demoi-
« selle Catherine Lécuyer de ladite maison et de la chapelle
« y attenant, enclose dans la bassecourt et enseincte de
« ladite maison, ladicte chapelle appelée de *Sainct-Silvain*,
« ou, autrement, des Mounéroulx, avecq tout droict de
« patronnaige et nomination de ladicte chapelle, ou vica-
« rie de Sainct-Silvain, ensemble de deux jardins estans
« aux deux coustés de ladicte maison, tous deux joignantz
« ausdistes murailles de ladicte ville de Guéret. » Puis, il expose que, « pour faire courir l'an et jour introduitz par
« la coustume de ce pays et comté de la Marche en faveur
« de lignagiers, il luy est nécessaire prendre et appréhender
« la réale, actuelle et corporelle possession desdictz im-
« meubles. »

« A ces causes, a ledict maistre Loys Faure ouvert ladicte
« grand porte de ladicte bassecourt de ladicte maison, et,
« après l'avoir ouverte, est entré dans ladicte bassecourt,
« et incontinent après en est sorty, et a fermé ladicte porte,
« et encores l'ayant fermée, tost après et en mesmes ins-
« tant l'a de rechief ouverte, et est de rechief entré dans

---

[1] Cette porte s'élevait à l'entrée de la Grande-Rue actuelle, dont elle occupait en partie les premières maisons.

« ladicte bassecourt, s'en est alé et entré dans ledict hostel
« et maison, et y est demeuré comme seigneur et maistre
« d'icelle; et, en ce faisant, ledict maistre Loys Faure a
« pris et apprehendé la réale, actuelle et corporelle posses-
« sion desdittes maisons, chapelle et dépendances[1]. »

Louis Faure exerça ses droits de patronage sur la chapelle de Saint-Silvain, en 1571, 1573 et 1576. De même, en 1594, noble Etienne Faure, élu en l'élection de la Marche, sieur de Prugnes, Noziers et la Chassagne, paroisse de Ladapeyre, et, en 1610, René Faure, écuyer, sieur de la Chassagne, trésorier en la généralité de Lyon, agissant pour lui et au nom de son neveu, noble Gilbert Faure[2]. Gilbert Faure, écuyer, seigneur de Bertignac, vendit le château des Monneyroux, avec ses dépendances, à Jean Vallenet, sieur de la Ribière, lieutenant particulier en la sénéchaussée de la Marche, pour le prix de 7,000 livres, par acte du 3 mars 1612, reçu Aurousset, notaire à Guéret[3].

Vingt-quatre ans après, les religieuses de la Visitation, voulant fonder un établissement de leur ordre à Guéret, envoyèrent dans cette ville quelques filles de leur maison de Metz, et celles-ci, représentées par leur supérieure, sœur Marie-Catherine Charrier, acquirent, le 11 octobre 1636, de François Vallenet, écuyer, sieur de la Mazeire, intendant (sic) en l'élection de la Marche, pour la somme de 11,500 livres, la maison « vulgairement appelée des *Faure et Billon*, com-
« posée d'un grand corps de logis et pavillons, où y a cui-
« sines, sommelleries, chambres basses, deux grandz salles
« a plain pied, estudes et cabinetz haultz, estant de dernier,
« jongnante et appointée aux muralhes, murs et closture
« de la ville, où y a fenestres et tours deppendantes d'icelle
« maison, et par le devant une grande bassecourt............
« à laquelle aboutissent des galleryes à trois estages cou-

---

[1] Titre communiqué par Mme Callier.
[2] Pouillé de Nadaud.
[3] Titre communiqué par Mme Callier.

« vertes en pavillon, du costé du couchant, et une c'appelle
« dédiée à l'honneur de sainct Silvain, autrement, de *sainct*
« *Seauve* deppendante en tout patronage, fondation et col-
« lation des propriétaires de ladite maison et hostel,..........
« lesdites maison, hostel et deppendances tenues directe-
« tement, ligement et franchement du roy, nostre sire¹. »

Les sœurs de la Visitation ne firent pas long séjour à Guéret. Leur nouvelle habitation ne leur plaisait pas : elles la trouvaient malsaine, à cause de sa situation au pied de la montagne de Grandchier, trop éloignée du centre de la ville, et surtout très-mal distribuée pour les besoins d'une communauté religieuse. Elles avaient bien essayé d'y faire quelques réparations, elles avaient même commencé par abattre « les deux grandes cheminées des meilleures chambres, » qui tenaient trop de place; mais les travaux qu'il restait à exécuter encore auraient coûté plus cher qu'un bâtiment neuf. Bref, elles se plaignirent à l'évêque de Limoges « du mauvais air de la ville et de la cherté des vivres, » et elles obtinrent leur exeat, le 15 décembre 1640. Leurs préparatifs de départ furent bientôt terminés : le 21 février suivant, elles quittaient Guéret, pour n'y plus revenir, et allaient se fixer à Périgueux, où les appelait l'évêque, François de la Béraudière¹.

L'hôtel des Monneyroux resta un peu plus d'un an inoccupé; enfin, les Visitandines de Périgueux trouvèrent à le vendre, mais bien moins cher qu'elles ne l'avaient acheté. Etienne Tournyol, sieur du Bouchet et du Râteau, alors conseiller et premier avocat du Roi, puis président au siége présidial de Guéret, en devint acquéreur, le 24 février 1642, pour le prix de 8,000 livres payable en deux termes². Plus tard, en 1648, ayant obtenu de Gaston d'Orléans, oncle du Roi et son lieutenant-général dans tout le royaume, l'exemption du logement des gens de guerre, avec le droit d'apposer les armes royales sur sa maison, en signe de ce privilége³,

---

¹ Titre communiqué par Mme Callier.
² Arch. de la Creuse. E. Fonds de la famille Tournyol. — Ordonnance signée *Gaston* et datée du 24 mars 1648.

il fit encastrer l'écu de France au milieu de l'accolade qui surmontait l'imposte de la fenêtre la plus haute de la façade centrale. Cette pierre, renversée à l'époque de la Révolution, gît encore sous le vestibule, près de la porte d'entrée.

Par son testament du mois d'avril 1658, Etienne Tournyol partagea son hôtel entre ses deux fils, Gabriel, sieur du Bouchet et de Monchaudurier, président au présidial de Guéret, et Antoine, sieur du Râteau, conseiller au même siège. Gabriel, l'aîné, eut dans son lot le grand corps de logis élevé par les Billon; Antoine devint propriétaire de l'aile de l'ouest et de la chapelle y attenante. Cette division dura tout un siècle, jusqu'à ce que Marie Tournyol, petite fille de Gabriel, épouse de Pierre Rogier Des Essarts, lieutenant-général en la sénéchaussée de Limoges, vendit sa part à Pierre-André Barret, sieur de Beauvais, pour le prix de 4,400 livres, par contrat du 24 mars 1786. Alors, Guillaume Tournyol, sieur du Râteau, petit-fils d'Antoine, exerça ses droits de lignager, et réunit entre ses mains la totalité de l'hôtel qui, depuis ce temps, est toujours resté dans sa famille[1].

L'historique qui précède nous a permis de déterminer d'une manière suffisamment précise la date des deux constructions qui composent l'hôtel des Monneyroux, en même temps qu'il nous a fait connaître la suite complète des propriétaires qui se sont succédés dans cette habitation. Il ne nous reste donc plus qu'à étudier le monument en lui-même, sous le rapport exclusif de l'archéologie, et cette étude ne comporte pas de grands développements. D'ailleurs, le dessin si net et si fidèle de M. Bouet renseignera le lecteur beaucoup mieux que ne le saurait faire une longue description.

L'hôtel, — tel est en effet le nom qui convient le mieux à l'édifice dont nous nous occupons, — l'hôtel, donc, est

---

[1] Papiers de famille de Mme Callier.

formé de deux parties bien distinctes : un long corps de logis tourné au nord et parallèle à la rue, et une aile au couchant, formant angle droit avec la façade principale. Voilà pour le plan général. L'aile occidentale, la plus ancienne et la seule vraiment monumentale, se compose de deux étages élevés au-dessus d'une galerie ouverte et recouverts d'une de ces hautes toitures en forme de pavillons, qui donnent tant d'élancement aux constructions de cette époque. Chaque étage est éclairé par trois fenêtres rectangulaires qu'encadre un double cordon, dont l'arête aiguë se profile vigoureusement sur les assises régulières et polies de la paroi, pour se terminer à son sommet en une élégante grappe de crochets.

La galerie qui tient lieu de rez-de-chaussée s'ouvre sur la cour par trois arceaux presque cintrés ; elle sert de base à la cage de l'escalier qui occupe toute la partie antérieure du bâtiment, et qui donne accès aux chambres établies toutes sur le côté opposé. Ainsi se trouve remplacée cette inévitable tour de la *vis*, ou de l'escalier, dont on n'avait pas su se dispenser jusqu'ici, et qui faisait racheter par des ascensions bien fatigantes l'aspect pittoresque et militaire à la fois que lui devaient des habitations d'ailleurs extrêmement modestes.

Au rebours des architectes de notre temps, Antoine Alard avait débuté par l'escalier et les corridors : le principal corps de logis était à peine ébauché lorsqu'il s'arrêta. Ce fut dommage, car, ce premier morceau est d'un aspect vraiment élégant et harmonieux. L'œil est attiré par cette espèce de tourelle qui masque si heureusement l'angle des deux ailes, et le commencement de façade, dont la fenêtre supérieure se détache coquettement avec son pignon aigu et ses gerbes de crochets sur la masse de la toiture.

Pierre Billon voulut compléter l'œuvre laissée interrompue par son prédécesseur ; mais il se préoccupa avant tout de créer du logement et se montra fort peu soucieux du côté architectural. La longue façade qu'il a ajoutée ne se fait remarquer que par son extrême irrégularité. Quelques baies, de dimensions et de formes toutes différentes, la trouent de loin en loin, ouvertes comme au hasard; il n'y a que les fenêtres du centre qui aient été soumises à une ordonnance quelque peu régulière, encore ne correspondent-elles pas avec celles de l'ancien bâtiment. Elles commencent plus près du sol pour se terminer plus haut, tout au-dessus du toit. Par ce système on a gagné, il est vrai, une ouverture de plus, mais on a détruit toute la symétrie. Ajoutons que les meneaux et les encadrements des fenêtres sont taillés sans goût, et que les murs montrent, sous leur couche de crépissage, une maçonnerie des plus vulgaires.

Le détail architectural le plus intéressant de ce corps de logis, c'est la vaste cheminée qui se dresse dans une des salles du bas : le manteau touche au plafond et s'avance jusqu'au milieu de l'appartement, il est arrondi à ses angles et ses pieds droits, ornés de moulures en creux, sont surmontés, chacun, d'une aiguille hérissée de crochets. Nous ne parlerons pas de l'écusson des Bourbons qui en faisait le principal ornement ; nous mentionnerons seulement la plaque du foyer, où se montrent accolés les blasons de deux anciennes familles de Guéret, aujourd'hui éteintes, les Bonnet et les Nesmond, qui portaient, les premiers : d'argent, au chevron de gueules, accompagné de trois casques de sable posés de profil, deux en chef et un en pointe; — armes parlantes, si l'on admet l'assimilation un peu prétentieuse du casque au bonnet, — les seconds : d'or, à trois cors de chasse ou huchets de sable, virolés et embouchés d'or, enguichés d'azur, deux en chef et un en pointe[1].

Quant à la chapelle attenante à l'hôtel, elle ne diffère des granges les plus ordinaires que par une petite fenêtre ogivale à deux baies trilobées, surmontées d'un quatre-feuille qui en éclaire le chevet.

Tout l'intérêt du monument se concentre donc sur l'aile

---

[1] Armorial général. Généralité de Moulins. Election de Guéret. — Bibl. Impér. mss.

de l'ouest et sur le commencement de la façade qui s'y rattache. Mais, cette partie est un curieux et élégant spécimen de l'architecture civile, qui commençait à s'introduire en France dans les dernières phases de la période ogivale, et à laquelle les innovations de la renaissance n'ont malheureusement pas laissé le temps d'atteindre son entier développement.

A. BOSVIEUX.

Guéret, impr. Dugenest.

VUE DU CHATEAU DE GUÉRET.

www.ingramcontent.com/pod-product-compliance
Lightning Source LLC
Chambersburg PA
CBHW070430080426
42450CB00030B/2400